ANDRÉA JOURDAN

Complètement CREVETTES

LES ÉDITIONS DE L'HOMME

Une société de Québecor Média

Design graphique : Josée Amyotte
Infographie : Chantal Landry, Johanne Lemay
Révision : Lucie Desaulniers
Correction : Sylvie Massariol
Photographies : Philip Jourdan

DISTRIBUTEUR EXCLUSIF :
Pour le Canada et les États-Unis :
MESSAGERIES ADP*
2315, rue de la Province
Longueuil, Québec J4G 1G4
Téléphone : 450-640-1237
Télécopieur : 450-674-6237
Internet : www.messageries-adp.com
* filiale du Groupe Sogides inc.,
  filiale de Québecor Média inc.

Suivez-nous sur le Web

Consultez nos sites Internet et inscrivez-vous
à l'infolettre pour rester informé en tout
temps de nos publications et de nos concours
en ligne. Et croisez aussi vos auteurs préférés
et notre équipe sur nos blogues !

EDITIONS-HOMME.COM
EDITIONS-JOUR.COM
EDITIONS-PETITHOMME.COM
EDITIONS-LAGRIFFE.COM

Imprimé en Chine

03-13

Dépôt légal : 2013
Bibliothèque et Archives nationales du Québec

ISBN 978-2-7619-3464-0

Gouvernement du Québec – Programme de crédit
d'impôt pour l'édition de livres – Gestion SODEC –
www.sodec.gouv.qc.ca

L'Éditeur bénéficie du soutien de la Société de
développement des entreprises culturelles du Québec
pour son programme d'édition.

Conseil des Arts   Canada Council
du Canada   for the Arts

Nous remercions le Conseil des Arts du Canada de
l'aide accordée à notre programme de publication.

Nous reconnaissons l'aide financière du gouvernement
du Canada par l'entremise du Fonds du livre du Canada
pour nos activités d'édition.

Table des matières

ENTRÉES
Bouchées de crevettes pimentées et citron vert 4
Ceviche de crevettes 7
Crevettes enrobées de noix de coco et chutney de piment 8
Crevettes tempura, sauce aux canneberges 11
Rouleau de printemps aux crevettes et à la menthe..................... 12
Tomates farcies aux crevettes...................................... 15

SALADES ET SOUPES
Bocconcini, crevettes et pamplemousse en salade 16
Salade de crevettes à l'orange et au sésame 19
Salade de melon d'eau et de crevettes............................... 20
Soupe de crevettes cajun.. 23
Velouté de crevettes au paprika 24

PLATS PRINCIPAUX
Brochettes de crevettes et d'ananas rôti 27
Burger de crevettes 28
Casserole de crevettes et de pommes de terre au four................... 31
Crevettes au sésame et clémentines 32
Crevettes en papillon, à l'ail et au persil 35
Crevettes farcies au fromage feta................................... 36
Crevettes géantes au barbecue..................................... 39
Crevettes grillées au thym et au citron............................... 40
Crevettes sautées au bok choy et aux haricots noirs 43
Crevettes sautées aux légumes..................................... 44
Crevettes Veracruz... 47
Jambalaya de crevettes 48
Penne aux crevettes nordiques..................................... 51
Piments piquillos farcis aux crevettes 52
Quesadilla de crevettes 55
Quiche aux crevettes 56
Risotto aux crevettes 59
Sandwich aux crevettes et à la roquette 60
Spaghettis aux crevettes et au pesto de coriandre 63

Bouchées de crevettes pimentées et citron vert

PORTIONS: 4 (12 bouchées)   **PRÉPARATION:** 10 min   **CUISSON:** 7 min

2 c. à soupe de beurre

1 c. à café d'épices cajun

12 crevettes crues, décortiquées et déveinées

60 ml (¼ tasse) de jus de citron vert

1 courgette verte

2 citrons verts, coupés en 6 quartiers chacun

Dans une poêle chaude, faire fondre le beurre. Ajouter les épices cajun et mélanger. Ajouter les crevettes et cuire 2 minutes en les retournant dans le beurre épicé. Verser le jus de citron vert et mélanger. Cuire 5 minutes.

À la mandoline, tailler la courgette en fines tranches dans le sens de la longueur.

Sur une brochette, piquer à plusieurs reprises 1 tranche de courgette, en la faisant onduler. Au bout de la brochette, piquer une crevette et un quartier de citron vert. Répéter l'opération pour le reste des brochettes. Servir immédiatement.

Ceviche de crevettes

PORTIONS: 6   **PRÉPARATION:** 30 min   **RÉFRIGÉRATION:** 20 min

1 kg (2 ¼ lb) de crevettes moyennes crues, décortiquées et coupées en 2 à l'horizontale

250 ml (1 tasse) de jus de citron vert, frais

1 c. à café de sel de céleri

2 tomates, épépinées et coupées en dés

3 oignons verts, hachés

1 piment jalapeno, haché finement

2 avocats, en dés

1 mangue, en dés

2 branches de céleri, hachées

1 bouquet de coriandre, haché

3 c. à soupe d'huile d'olive extra vierge

Dans un bol, mélanger les crevettes, le jus de citron vert et le sel de céleri. Réfrigérer 20 minutes. Les crevettes deviendront roses et opaques.

Pendant ce temps, dans un grand bol en verre, mélanger les tomates, les oignons verts, le piment jalapeno, les avocats, la mangue et le céleri. Ajouter la coriandre et mélanger délicatement. Ajouter les crevettes et mélanger délicatement.

Transférer le tout dans une assiette de service et arroser d'huile d'olive. Servir immédiatement.

Crevettes enrobées de noix de coco et chutney de piment

PORTIONS: 4   **PRÉPARATION:** 15 min   **CUISSON:** 20 min

1 pincée de sel

2 c. à café de poivre moulu

450 g (1 lb) de grosses crevettes crues

2 œufs

2 c. à soupe de ciboulette hachée

85 g (⅔ tasse) de farine

100 g (1 tasse) de noix de coco râpée

250 ml (1 tasse) de chutney de piment

Préchauffer le four à 180 °C (350 °F).

Saler et poivrer les crevettes. Réserver.

Dans un petit bol, fouetter les œufs et la ciboulette.

Disposer la farine et la noix de coco sur deux assiettes. Rouler les crevettes une à une dans la farine d'abord, puis dans l'œuf et, enfin, dans la noix de coco. Placer sur une plaque de cuisson recouverte de papier sulfurisé. Cuire au four 20 minutes ou jusqu'à ce que les crevettes soient dorées.

Servir avec le chutney de piment.

NOTE: On peut aussi cuire ces crevettes dans un poêlon, dans un peu d'huile d'olive chaude.

Crevettes tempura, sauce aux canneberges

PORTIONS: 4   **PRÉPARATION:** 10 min   **MACÉRATION:** 10 min   **CUISSON:** 4 min

20 grosses crevettes crues

125 ml (½ tasse) de sauce soya

1 œuf battu

100 g (¾ tasse) de farine

½ c. à café de levure chimique (poudre à pâte)

125 ml (½ tasse) d'eau gazéifiée (ou de bière)

250 ml (1 tasse) d'huile d'arachide ou d'huile végétale

110 g (2 tasses) de chapelure panko

Sauce aux canneberges asiatique

250 ml (1 tasse) de sauce aux canneberges en conserve

4 c. à soupe de sauce soya

2 c. à soupe de miel

Décortiquer les crevettes en gardant la queue intacte. Verser la sauce soya dans un bol. Ajouter les crevettes et laisser mariner 10 minutes.

Dans un autre bol, fouetter l'œuf, la farine, la levure chimique et l'eau gazéifiée jusqu'à ce que la préparation soit fluide.

Dans une friteuse ou dans un poêlon profond, faire chauffer l'huile.

Plonger les crevettes une à une dans la pâte, puis les rouler dans la chapelure panko, en pressant légèrement pour qu'elle adhère bien. Plonger les crevettes dans l'huile bouillante quelques minutes, jusqu'à ce qu'elles soient bien dorées. Retirer les crevettes à l'aide d'une épuisette et déposer sur du papier essuie-tout.

Sauce aux canneberges asiatique : Dans un bol, mélanger la sauce aux canneberges, la sauce soya et le miel. Chauffer 2 minutes au four à micro-ondes. Bien mélanger.

Servir les crevettes chaudes avec la sauce aux canneberges asiatique.

Rouleau de printemps aux crevettes et à la menthe

PORTIONS : 4   **PRÉPARATION :** 20 min   **RÉFRIGÉRATION :** 30 min

150 g (4 tasses) de pousses de soya

2 c. à soupe de menthe, hachée

2 carottes, râpées

4 radis, râpés

1 concombre, coupé en fins bâtonnets

2 c. à soupe de jus de citron

8 galettes de riz

4 feuilles de laitue

12 feuilles de menthe

8 crevettes, cuites et coupées en 2

125 ml (½ tasse) de sauce nuoc-mâm (sauce de poisson)

Dans un bol, mettre les pousses de soya, la menthe, les carottes, les radis et le concombre. Arroser de jus de citron et mélanger. Réfrigérer 30 minutes.

Dans un bol rempli d'eau tiède, déposer les galettes de riz, une à une. Lorsqu'elles ont ramolli, en disposer une sur un linge humide. Déposer une feuille de laitue sur la galette de riz. Ajouter 2 c. à soupe du mélange de légumes, 3 feuilles de menthe et 2 crevettes. Rouler en ramenant les bords de la galette au fur et à mesure pour bien fermer le rouleau. Enrouler une deuxième galette de riz autour du rouleau. Répéter avec le reste des galettes de riz.

Servir avec la sauce nuoc-mâm.

Tomates farcies aux crevettes

PORTIONS: 4 **PRÉPARATION:** 10 min **RÉFRIGÉRATION:** 30 min

4 grosses tomates

1 pincée de sel

225 g (8 oz) de crevettes nordiques

2 concombres libanais, épépinés et coupés en dés

1 échalote, hachée finement

1 c. à soupe de persil haché

1 c. à soupe de ciboulette hachée

1 c. à café de mayonnaise

1 c. à café de sauce soya

1 pincée de cinq-épices

Couper un chapeau sur chaque tomate. Évider les tomates en prenant soin de ne pas percer la peau. Saler légèrement l'intérieur des tomates et les retourner sur du papier essuie-tout.

Dans un grand bol, mélanger les crevettes nordiques, les concombres, l'échalote, le persil et la ciboulette. Ajouter la mayonnaise, la sauce soya et le cinq-épices. Mélanger.

Remplir les tomates de la préparation aux crevettes et réfrigérer 30 minutes ou jusqu'au moment de servir.

NOTE: Vitaminée et riche en phosphore, cette recette est simple et rafraîchissante.

Bocconcini, crevettes et pamplemousse en salade

PORTIONS: 4 **PRÉPARATION:** 15 min **CUISSON:** 4 min

450 g (1 lb) de crevettes crues, décortiquées et déveinées

2 carottes, en dés

16 bocconcini de mozzarella, en moitiés

2 oignons verts, hachés

2 pamplemousses, pelés et séparés en suprêmes

4 c. à soupe d'huile de tournesol

125 ml (½ tasse) de jus de pamplemousse, frais

Sel et poivre

1 bouquet de laitues mélangées

1 bouquet de menthe, haché

Dans une casserole d'eau bouillante salée, cuire les crevettes et les dés de carottes 4 minutes. Égoutter et laisser refroidir 5 minutes.

Dans un bol, mélanger les crevettes, les carottes, le bocconcini, les oignons verts et les suprêmes de pamplemousse. Arroser d'huile et de jus de pamplemousse. Saler et poivrer, au goût. Mélanger délicatement.

Sur des assiettes, disposer un lit de laitues. Garnir du mélange de crevettes et de menthe hachée. Servir immédiatement.

Salade de crevettes à l'orange et au sésame

PORTIONS: 4   **PRÉPARATION:** 15 min   **CUISSON:** 3 min

3 c. à soupe de graines de sésame

1 c. à soupe de jus de citron vert

3 c. à soupe d'huile de sésame

125 ml (½ tasse) de jus d'orange, frais

Sel et poivre

20 grosses crevettes, cuites

125 g (4 oz) de laitues mélangées

225 g (8 oz) de haricots verts extra-fins, cuits

4 oranges, pelées et séparées en suprêmes

1 c. à soupe de zeste d'orange, râpé

Dans un poêlon, faire dorer les graines de sésame 3 minutes. Réserver.

Dans un grand bol, au fouet, mélanger le jus de citron vert, l'huile de sésame et le jus d'orange. Saler et poivrer, au goût. Ajouter les graines de sésame rôties et les crevettes. Bien mélanger.

Disposer le mélange de laitues et les haricots verts sur des assiettes individuelles. Garnir des suprêmes d'orange et des crevettes avec leur vinaigrette. Parsemer de zeste d'orange et servir immédiatement.

Salade de melon d'eau et de crevettes

PORTIONS : 4 **PRÉPARATION :** 15 min **MACÉRATION :** 10 min

125 ml (½ tasse) d'huile d'olive extra vierge

1 c. à soupe de vinaigre de vin à la framboise

1 bouquet de menthe, haché

1 bouquet de basilic thaïlandais, haché

1 c. à soupe de jus de citron

Sel et poivre

225 g (8 oz) de crevettes nordiques

4 c. à soupe de quinoa, cuit

1 petit concombre, en dés

100 g (¾ tasse) de framboises

750 g (5 tasses) de melon d'eau, en gros dés

Dans un petit bol, mélanger l'huile d'olive, le vinaigre de vin, la menthe et le basilic thaïlandais. Verser le jus de citron. Saler et poivrer, au goût. Ajouter les crevettes nordiques, mélanger et laisser mariner 10 minutes.

Dans un autre bol, mélanger le quinoa, le concombre et les framboises. Transférer sur des assiettes individuelles. Couvrir de crevettes et de sauce. Garnir de dés de melon d'eau et servir immédiatement.

Soupe de crevettes cajun

PORTIONS : 4   **PRÉPARATION :** 10 min   **CUISSON :** 28 min

1 c. à soupe d'huile végétale

2 poivrons verts, hachés

8 oignons verts, hachés

1 gousse d'ail, hachée

1 litre (4 tasses) de jus de tomate

250 ml (1 tasse) de jus de palourde

500 ml (2 tasses) d'eau

1 c. à café de thym frais haché

1 c. à soupe de basilic frais haché

1 c. à café de poudre de piment fort

1 c. à soupe de poivre moulu

1 feuille de laurier

1 pincée de sel

4 c. à soupe de riz à grains longs

150 g (5 oz) d'okras surgelés,
   en tranches (facultatif)

450 g (1 lb) de crevettes fraîches,
   décortiquées et déveinées

2 c. à café de sauce Tabasco

Dans une grande casserole à feu moyen, faire chauffer l'huile. Ajouter les poivrons, les oignons verts et l'ail. Faire sauter jusqu'à ce que les oignons deviennent translucides.

Verser le jus de tomate, le jus de palourde et l'eau. Porter à ébullition. Ajouter le thym, le basilic, le piment fort, le poivre, la feuille de laurier, le sel, le riz et les tranches d'okra. Réduire le feu, couvrir à moitié et laisser mijoter 15 minutes ou jusqu'à ce que le riz soit tendre.

Ajouter les crevettes et faire cuire 7 minutes ou jusqu'à ce que les crevettes deviennent opaques. Retirer la feuille de laurier et ajouter la sauce Tabasco.

Verser la soupe dans des bols et servir immédiatement.

Velouté de crevettes au paprika

PORTIONS: 4   **PRÉPARATION:** 15 min   **CUISSON:** 9 min

2 c. à soupe d'huile d'olive extra vierge

450 g (1 lb) de crevettes crues

125 ml (½ tasse) de vin blanc

250 ml (1 tasse) de soupe de poisson en conserve

125 ml (½ tasse) de purée de tomate

2 branches de thym, hachées

1 c. à soupe de paprika

1 c. à café de crème d'anchois en tube

500 ml (2 tasses) de crème légère 15 %

Dans une casserole, faire chauffer l'huile d'olive. Ajouter les crevettes et faire sauter 1 minute de chaque côté. Ajouter le vin, couvrir et cuire 5 minutes. Retirer du feu et laisser reposer 5 minutes.

Décortiquer les crevettes. Transférer la chair des crevettes et le jus de cuisson au robot culinaire. Mélanger jusqu'à l'obtention d'une purée grossière.

Dans une grande casserole, porter à ébullition la soupe de poisson, la purée de tomate, le thym et le paprika en remuant. Ajouter à la chair de crevettes dans le robot culinaire et mélanger jusqu'à l'obtention d'une purée lisse.

Dans un bol, mélanger la crème d'anchois et la crème. Incorporer en filet dans le robot, en mélangeant. Mettre le tout dans une casserole et réchauffer à feu doux, en remuant.

Verser le velouté dans des bols chauds. Saupoudrer d'un peu de paprika et servir immédiatement.

Brochettes de crevettes et d'ananas rôti

BROCHETTES: 6   **PRÉPARATION:** 8 min   **CUISSON:** 11 min

2 c. à soupe d'huile végétale

18 crevettes moyennes crues, déveinées avec la queue

12 cubes d'ananas

1 c. à café de poivre vert, moulu

125 ml (½ tasse) de vin blanc

Sel et poivre

Dans un poêlon à feu moyen, faire chauffer l'huile. Ajouter les crevettes et cuire 4 minutes de chaque côté. Ajouter les cubes d'ananas, le poivre vert et le vin blanc. Saler et poivrer. Cuire 3 minutes.

Piquer les crevettes et les cubes d'ananas sur des brochettes de bois en les alternant. Servir les brochettes chaudes.

Burger de crevettes

PORTIONS: 4   **PRÉPARATION:** 15 min   **RÉFRIGÉRATION:** 30 min   **CUISSON:** 10 à 14 min

2 c. à soupe de mayonnaise

1 c. à soupe de ketchup

1 c. à café de thym frais haché

1 c. à soupe de basilic frais haché

450 g (1 lb) de crevettes crues, décortiquées et hachées

55 g (1 tasse) de chapelure panko

1 œuf, battu

4 petits pains

2 tomates, en tranches

1 avocat, en tranches

1 citron vert, en quartiers

Dans un bol, mélanger la mayonnaise, le ketchup, le thym et le basilic. Ajouter les crevettes, la chapelure panko et l'œuf. Bien mélanger. Réfrigérer 30 minutes.

Préchauffer le barbecue à intensité moyenne.

Former des boulettes avec la pâte de crevettes et les aplatir légèrement.

Cuire les boulettes sur la grille du barbecue préalablement huilée (ou dans un poêlon huilé) de 5 à 7 minutes de chaque côté, jusqu'à ce qu'elles soient bien dorées.

Déposer les boulettes dans les pains. Garnir chaque burger de tranches de tomate et d'avocat. Servir avec un peu de mayonnaise et des quartiers de citron vert.

Casserole de crevettes et de pommes de terre au four

PORTIONS : 4   **PRÉPARATION :** 10 min   **CUISSON :** 20 min

450 g (1 lb) de crevettes moyennes, crues et déveinées

Sel et poivre

2 c. à soupe de beurre + 1 noisette (pour les plats à gratin)

1 échalote, hachée

2 gousses d'ail, hachées

3 pommes de terre, pelées et coupées en tranches fines

250 ml (1 tasse) d'eau

2 c. à soupe de cognac ou de bouillon de légumes

250 ml (1 tasse) de crème à fouetter 35 %

1 c. à café de poivre de Sichuan

2 jaunes d'œufs

2 c. à soupe de persil haché

Saler et poivrer les crevettes.

Dans une grande poêle antiadhésive, faire fondre 2 c. à soupe de beurre. Ajouter l'échalote et l'ail. Faire sauter 1 minute. Ajouter les crevettes et faire sauter 1 minute de chaque côté. Transférer les crevettes dans un bol.

Dans la même poêle, ajouter les tranches de pommes de terre. Verser l'eau, couvrir et cuire 8 minutes. Transférer dans le bol avec les crevettes et mélanger. Verser le mélange dans 4 plats à gratin beurrés.

Préchauffer le four à 190 °C (375 °F).

Dans la poêle, ajouter le cognac, la crème et le poivre de Sichuan. Réduire de moitié. Retirer du feu et laisser tiédir 3 minutes. Ajouter les jaunes d'œufs en fouettant. Napper les crevettes et les pommes de terre de sauce à la crème. Cuire au four 10 minutes.

Garnir de persil et servir immédiatement.

Crevettes au sésame et clémentines

PORTIONS: 4 **PRÉPARATION:** 10 min **CUISSON:** 9 min

3 c. à soupe d'huile de sésame

2 gousses d'ail, hachées

2 oignons rouges, émincés

450 g (1 lb) de crevettes moyennes crues, décortiquées et déveinées

1 c. à soupe de gingembre pelé et râpé

60 ml (¼ tasse) de sauce hoisin

60 ml (¼ tasse) de jus de clémentine, frais

1 mangue, réduite en purée

75 g (½ tasse) de graines de sésame noir

½ botte de menthe, hachée

4 clémentines, pelées et séparées en suprêmes

Dans un grand poêlon, faire chauffer l'huile de sésame. Ajouter l'ail et les oignons. Faire sauter 2 minutes. Ajouter les crevettes et faire sauter 1 minute de chaque côté. Ajouter le gingembre, la sauce hoisin, le jus de clémentine et la mangue. Mélanger. Ajouter les graines de sésame noir. Couvrir le poêlon et laisser mijoter à feu doux 5 minutes.

Ajouter la menthe hachée et les suprêmes de clémentines.

Servir sur du riz basmati.

Crevettes en papillon, à l'ail et au persil

PORTIONS: 4   **PRÉPARATION:** 7 min   **RÉFRIGÉRATION:** 1 h 15   **CUISSON:** 20 min

225 g (1 tasse) de beurre salé,
    à température ambiante

1 échalote, hachée finement

3 grosses gousses d'ail, hachées

3 c. à soupe de persil haché

12 grosses crevettes crues

55 g (½ tasse) de chapelure

Sel et poivre

Dans une petite casserole à feu doux, faire fondre le beurre. Ajouter l'échalote et l'ail. Cuire 8 minutes. Ajouter le persil et mélanger. Verser dans un bol et réfrigérer 1 heure.

À l'aide d'un petit couteau, ouvrir les crevettes horizontalement, en prenant soin de conserver les queues. Déveiner puis aplatir les crevettes légèrement et les placer sur une plaque de cuisson recouverte de papier sulfurisé. Réfrigérer 15 minutes.

Préchauffer le four à 190 °C (375 °F).

Placer une petite cuillerée de beurre à l'ail sous chaque crevette et une autre dessus. Saupoudrer de chapelure. Saler et poivrer. Cuire au four 12 minutes.
Faire fondre le reste du beurre à l'ail et au persil au four à micro-ondes.

Servir les crevettes avec le reste du beurre à l'ail.

Crevettes farcies au fromage feta

PORTIONS: 4   **PRÉPARATION:** 15 min   **CUISSON:** 13 min

3 c. à soupe de beurre

2 gousses d'ail, hachées

6 champignons, hachés

4 c. à soupe de fromage feta émietté

1 c. à soupe de ciboulette hachée

Sel et poivre

8 grosses crevettes crues, décortiquées et déveinées

8 brins de ciboulette

8 feuilles de laitue romaine

Préchauffer le four à 180 °C (350 °F).

Dans une poêle à feu moyen, faire chauffer le beurre et l'ail jusqu'à ce que le beurre commence à bouillonner. Ajouter les champignons et cuire 5 minutes, en remuant. Égoutter les champignons. Réserver le beurre.

Dans un bol, mélanger les champignons, le fromage feta et la ciboulette. Saler et poivrer légèrement.

À l'aide d'un petit couteau, fendre les crevettes horizontalement et les farcir de la préparation. Maintenir en attachant un brin de ciboulette autour de chaque crevette.

Placer les crevettes farcies dans un plat allant au four. Arroser du reste du beurre à l'ail. Cuire au four 8 minutes.

Servir avec les feuilles de romaine.

Crevettes géantes au barbecue

PORTIONS: 4   **PRÉPARATION:** 10 min   **MACÉRATION:** 1 h   **CUISSON:** 22 min

2 c. à soupe d'huile de tournesol

1 oignon, haché finement

4 gousses d'ail, hachées finement

1 c. à soupe de moutarde en poudre

500 ml (2 tasses) de ketchup

250 ml (1 tasse) de miel

1 c. à café de poivre noir moulu

3 c. à soupe de cassonade

125 ml (½ tasse) de sauce Worcestershire

1 piment jalapeno, haché

250 ml (1 tasse) de jus de pamplemousse

12 crevettes géantes crues, déveinées

Dans une casserole, faire chauffer l'huile de tournesol. Ajouter l'oignon et l'ail. Faire sauter 4 minutes. Ajouter la moutarde en poudre et cuire 1 minute en remuant. Ajouter le ketchup, le miel, le poivre, la cassonade, la sauce Worcestershire, le piment jalapeno et le jus de pamplemousse. Cuire, en remuant, 8 minutes.

Verser la moitié de la sauce sur les crevettes et laisser mariner 1 heure à la température ambiante.

Préchauffer le barbecue à haute température.

Retirer les crevettes de la sauce et les cuire sur le barbecue 3 à 4 minutes de chaque côté.

Pendant ce temps, réchauffer la sauce réservée à feu doux 8 minutes.

Disposer les crevettes sur des assiettes individuelles et servir immédiatement, avec la sauce chaude.

Crevettes grillées au thym et au citron

PORTIONS : 4   **PRÉPARATION :** 15 min   **RÉFRIGÉRATION :** 2 h   **CUISSON :** 6 min

2 gousses d'ail, hachées

3 c. à café de thym frais haché
+ 4 branches

60 ml (¼ tasse) de jus de citron

6 c. à soupe d'huile d'olive extra
vierge

20 grosses crevettes crues,
décortiquées et déveinées

4 tomates, en quartiers

2 boules de mozzarella de 150 g
(5 oz) chacune, en quartiers

1 c. à soupe de zeste de citron râpé

Sel et poivre

1 c. à soupe de vinaigre
balsamique

4 quartiers de citron

Dans un bol, mélanger l'ail, le thym haché, le jus de citron et 4 c. à soupe d'huile d'olive. Ajouter les crevettes. Couvrir le bol et secouer pour bien enrober les crevettes. Réfrigérer 2 heures, en remuant de temps à autre.

Répartir les tomates, la mozzarella, le zeste de citron et les branches de thym dans 4 assiettes profondes. Saler et poivrer. Arroser du reste d'huile d'olive et réfrigérer.

Allumer le gril du barbecue. Étaler les crevettes sur une grille, à 15 cm (6 po) de la source de chaleur. Faire griller environ 3 minutes de chaque côté.

Transférer les crevettes sur les tomates à la mozzarella. Arroser d'un peu de vinaigre balsamique. Servir immédiatement, avec les quartiers de citron.

Crevettes sautées au bok choy et aux haricots noirs

PORTIONS : 4   **PRÉPARATION :** 10 min   **MACÉRATION :** 20 min   **CUISSON :** 30 min

450 g (1 lb) de crevettes crues, décortiquées et déveinées

1 c. à café de sucre

4 c. à soupe de xérès ou de jus d'orange

Sel

2 c. à soupe d'huile de sésame

2 oignons, émincés

2 poivrons jaunes, en tranches

6 petits bok choy, coupés en 2

4 c. à soupe de sauce soya légère

4 c. à soupe d'eau

3 c. à soupe de sauce aux haricots noirs

Dans un bol, mélanger les crevettes, le sucre, le xérès et une pincée de sel. Couvrir et laisser macérer 20 minutes. Égoutter les crevettes.

Dans un poêlon ou dans un wok, faire chauffer 1 c. à soupe d'huile de sésame. Ajouter les oignons et les poivrons. Faire sauter 4 minutes. Ajouter les crevettes et faire sauter 5 minutes. Réserver au chaud.

Faire chauffer le reste de l'huile et faire sauter les bok choy quelques minutes, jusqu'à ce qu'ils soient juste tendres. Ajouter les crevettes, la sauce soya, l'eau et la sauce aux haricots noirs. Mélanger et cuire 5 minutes. Servir immédiatement.

NOTE : On trouve la sauce aux haricots noirs dans les épiceries asiatiques.

Crevettes sautées aux légumes

PORTIONS: 4   **PRÉPARATION:** 15 min   **CUISSON:** 14 min   **ATTENTE:** 5 min

2 c. à soupe d'huile d'olive extra vierge

1 c. à soupe de thym, haché

1 oignon, en rondelles

1 carotte, en rondelles fines

1 petit brocoli, en bouquets

125 ml (½ tasse) de bouillon de légumes

1 courgette, en rondelles fines

32 crevettes moyennes crues, décortiquées et déveinées

4 c. à soupe de jus de citron vert

1 c. à café de zeste de citron vert râpé

1 c. à soupe de coriandre hachée

Sel et poivre

Dans un poêlon, faire chauffer l'huile d'olive et le thym. Ajouter l'oignon et la carotte. Faire sauter 2 minutes. Ajouter le brocoli et faire revenir 2 minutes. Verser le bouillon de légumes et cuire à feu moyen 5 minutes. Ajouter la courgette et les crevettes. Cuire 5 minutes.

Retirer du feu. Ajouter le jus de citron vert, le zeste de citron vert et la coriandre. Saler et poivrer, au goût. Mélanger. Couvrir et réserver 5 minutes.

Transférer dans des assiettes individuelles et servir immédiatement.

Crevettes Veracruz

PORTIONS : 4   **PRÉPARATION :** 10 min   **CUISSON :** 30 min

6 tomates, en dés

1 gros oignon, haché

4 piments jalapeno, hachés

2 c. à café de sel d'ail

16 olives vertes, dénoyautées
    et tranchées

2 c. à soupe de coriandre fraîche
    hachée

1 c. à soupe de câpres

24 crevettes moyennes crues,
    décortiquées et déveinées

Sel et poivre

2 oignons verts, en tranches fines

Dans un poêlon, mélanger les tomates, l'oignon, les piments jalapeno et le sel d'ail. Porter à ébullition. Baisser le feu et laisser mijoter 10 minutes. Laisser refroidir 15 minutes. Verser la préparation dans un robot culinaire et mélanger 2 minutes.

Remettre la sauce dans le poêlon. Ajouter les olives, la coriandre, les câpres et les crevettes. Cuire à feu moyen 20 minutes. Saler et poivrer, au goût. Surveiller la cuisson. Si les tomates ne relâchent pas assez de liquide, ajouter quelques louches d'eau tiède.

Transférer la préparation dans des bols. Garnir de tranches d'oignons verts et servir immédiatement.

Jambalaya de crevettes

PORTIONS: 4 **PRÉPARATION:** 15 min **CUISSON:** 33 min

2 c. à soupe d'huile végétale

450 g (1 lb) de crevettes crues, décortiquées et déveinées

250 g (9 oz) de chorizo, en tranches

2 gros oignons, hachés

2 branches de céleri, hachées

1 gros poivron vert, haché

2 gousses d'ail, hachées

95 g (½ tasse) de riz à grains longs

500 ml (2 tasses) de tomates en dés, en conserve

1 c. à soupe de paprika

1 c. à soupe d'épices cajun

1 litre (4 tasses) de bouillon de volaille

Sel et poivre

Dans une grande casserole, faire chauffer l'huile. Ajouter les crevettes et le chorizo. Faire sauter 3 minutes. Retirer les crevettes et le chorizo de la casserole et réserver sur une assiette.

Dans la même casserole à feu doux, ajouter les oignons, le céleri, le poivron et l'ail. Faire revenir 3 minutes, en remuant. Ajouter le riz et mélanger. Ajouter les tomates, le paprika, les épices cajun et le bouillon. Saler et poivrer légèrement. Mélanger, couvrir et laisser cuire 20 minutes à feu doux jusqu'à ce que le riz ait absorbé le liquide.

Incorporer les crevettes et le chorizo. Chauffer 7 minutes à feu doux. Rectifier l'assaisonnement. Servir immédiatement.

Penne aux crevettes nordiques

PORTIONS: 4   **PRÉPARATION:** 10 min   **CUISSON:** 12 min

2 c. à café d'huile d'olive extra
   vierge

1 gros oignon, en tranches

3 branches de céleri, hachées

125 ml (½ tasse) de vin blanc sec

Sel et poivre

2 c. à soupe de ciboulette hachée

½ c. à café de sauge fraîche hachée

400 g (14 oz) de penne, cuits

125 ml (½ tasse) de crème
   à fouetter 35 %

450 g (1 lb) de crevettes nordiques

Poivre concassé

Dans un poêlon, faire chauffer l'huile d'olive. Ajouter l'oignon et le céleri. Faire sauter jusqu'à ce que l'oignon devienne translucide. Ajouter le vin blanc. Saler et poivrer. Couvrir le poêlon et laisser mijoter 5 minutes.

Ajouter la ciboulette, la sauge, les penne, la crème et les crevettes. Mélanger. Laisser réchauffer 5 minutes en remuant.

Servir immédiatement, avec du poivre concassé.

Piments piquillos farcis aux crevettes

PORTIONS: 4   **PRÉPARATION:** 30 min   **RÉFRIGÉRATION:** 1 h

½ c. à café de safran

2 c. à soupe de mayonnaise

1 c. à soupe d'huile d'olive extra vierge

250 g (9 oz) de crevettes, cuites, déveinées et hachées

2 oignons verts, hachés

60 g (⅓ tasse) de petits pois verts, frais ou surgelés, cuits

8 piments piquillos rouges

1 pincée de sel et de poivre

8 fines tranches de jambon Serrano ou de jambon de Parme

Dans un saladier, délayer le safran dans la mayonnaise. Verser l'huile d'olive et mélanger. Ajouter les crevettes, les oignons verts et les petits pois.

Saler et poivrer l'intérieur des piments piquillos. Chemiser de tranches de jambon. Déposer un peu de farce aux crevettes sur le jambon et fermer les piquillos. Réfrigérer 1 heure avant de servir.

NOTE: Les piquillos, piments espagnols de forme allongée, sont particulièrement savoureux. On les trouve en conserve dans les épiceries fines. Dans cette recette, ils peuvent être remplacés par des poivrons rouges grillés.

Quesadilla de crevettes

PORTIONS: 4 **PRÉPARATION:** 10 min **CUISSON:** 10 min

1 c. à soupe d'huile de maïs

1 c. à café de cumin moulu

½ c. à café de poudre de chili

450 g (1 lb) de crevettes nordiques

Sel et poivre

4 tortillas de blé

450 g (1 lb) de fromage Monterey
Jack, râpé

2 c. à soupe de beurre

2 c. à soupe de coriandre hachée

4 c. à soupe de crème sure

Dans un poêlon, faire chauffer l'huile. Ajouter le cumin et le chili. Mélanger et cuire 2 minutes. Ajouter les crevettes nordiques et bien les enrober d'huile épicée. Saler et poivrer, au goût. Retirer du feu.

Sur chaque tortilla, disposer un peu de crevettes épicées. Couvrir de fromage râpé. Replier les tortillas sur elles-mêmes.

Dans un grand poêlon à feu doux, faire fondre le beurre et griller les tortillas pliées 3 minutes en appuyant un peu dessus pour les aplatir légèrement. À l'aide d'une spatule, retourner délicatement les tortillas et faire dorer 3 minutes.

Transférer sur des assiettes individuelles et couper en 2. Garnir de coriandre et servir immédiatement, avec la crème sure.

NOTE: Faciles à préparer, les tortillas de blé mexicaines peuvent accompagner une salade ou être servies en collation.

Quiche aux crevettes

PORTIONS: 4   **PRÉPARATION:** 20 min   **RÉFRIGÉRATION:** 20 min   **CUISSON:** 35 min   **ATTENTE:** 5 min

1 abaisse de pâte brisée, surgelée

6 œufs

125 ml (½ tasse) de crème légère
    15 %

375 g (13 oz) de petites crevettes
    cuites, décortiquées

1 c. à café de persil haché

1 pincée de muscade moulue

½ c. à café d'aneth haché

Sel et poivre

Préchauffer le four à 180 °C (350 °F).

Placer l'abaisse dans un moule et piquer le fond avec une fourchette. Réfrigérer 20 minutes.

Dans un bol, mélanger les œufs, la crème, les crevettes, le persil, la muscade et l'aneth. Saler et poivrer. Verser la préparation dans l'abaisse. Cuire au four 35 minutes ou jusqu'à ce que la garniture soit dorée et presque prise.

Laisser refroidir 5 minutes avant de servir.

Risotto aux crevettes

PORTIONS: 6   **PRÉPARATION:** 5 min   **CUISSON:** 25 min

2 litres (8 tasses) de bouillon
de légumes

1 c. à soupe d'huile d'olive extra
vierge

1 gros oignon, haché

450 g (1 lb) de riz à risotto
(Carnaroli ou Vialone)

125 ml (½ tasse) de vin blanc sec

375 g (¾ lb) de petites crevettes
crues, décortiquées et
déveinées

2 c. à soupe de ciboulette, hachée

2 c. à soupe de beurre

100 g (1 tasse) de parmesan râpé

Dans une casserole, porter le bouillon à ébullition. Baisser
le feu à minimum pour garder le bouillon juste chaud.

Dans une grande casserole, faire chauffer l'huile d'olive.
Ajouter l'oignon et faire sauter 2 minutes. Ajouter le riz
et remuer pour bien enrober les grains de riz de matière
grasse. Verser le vin blanc et laisser évaporer.

Ajouter une grosse louche de bouillon chaud, juste assez
pour couvrir le riz. Mélanger jusqu'à ce que la moitié
du bouillon soit absorbée. Ajouter une autre louche
de bouillon pour que le riz soit encore juste couvert de
liquide. Ajouter les crevettes et la ciboulette. Mélanger.
Procéder de la même façon, une louche à la fois, jusqu'à
ce que tout le bouillon ait été absorbé. Le riz devrait à ce
point être très crémeux.

Ajouter le beurre et le parmesan. Mélanger le tout
vigoureusement. Servir immédiatement.

NOTE: Le risotto doit être servi rapidement. Autrement, il
perd son onctuosité.

Sandwich aux crevettes et à la roquette

PORTIONS: 4   **PRÉPARATION:** 15 min

3 c. à soupe de mayonnaise

1 c. à café de moutarde de Dijon

1 c. à soupe de ketchup

8 tranches de pain blanc

24 grosses crevettes, cuites, décortiquées et déveinées

60 g (3 tasses) de feuilles de roquette

Sel et poivre

Dans un bol, mélanger la mayonnaise, la moutarde de Dijon et le ketchup. Tartiner les tranches de pain de cette sauce.

Répartir les crevettes et les feuilles de roquette sur la moitié des tranches de pain. Saler et poivrer légèrement. Couvrir des autres tranches de pain et couper en pointes. Servir immédiatement.

Spaghettis aux crevettes et au pesto de coriandre

PORTIONS: 4 **PRÉPARATION:** 15 min **CUISSON:** 10 min

1 botte de coriandre

4 c. à soupe de persil haché

100 g (¾ tasse) de noix de pin

5 c. à soupe d'huile d'olive extra vierge

Sel et poivre

400 g (14 oz) de spaghettis

350 g (¾ lb) de petites crevettes crues, décortiquées et déveinées

Au robot culinaire, réduire en purée la coriandre, le persil et les noix de pin. Ajouter 3 c. à soupe d'huile d'olive lentement, en mélangeant. Saler et poivrer.

Dans une casserole d'eau bouillante salée, cuire les spaghettis *al dente*. Égoutter en réservant l'eau de cuisson. Arroser les spaghettis avec le reste de l'huile d'olive et réserver.

Plonger les crevettes dans l'eau de cuisson des pâtes. Porter à ébullition et cuire 2 minutes. Retirer du feu et égoutter. Ajouter 2 c. à soupe d'eau de cuisson au pesto de coriandre.

Dans un grand bol, mélanger les pâtes, les crevettes et le pesto. Servir immédiatement.

Dans la même collection

Aussi disponibles en version numérique 📱

Complètement
Biscuits ▪ Cheesecakes ▪ Crème glacée ▪ Crêpes ▪ Crevettes ▪ Cru ▪ Desserts en pots ▪ Lasagnes
Limonades ▪ Poulet ▪ Quinoa ▪ Risotto ▪ Salades ▪ Saumon ▪ Smoothies ▪ Soupes d'automne
Soupes froides ▪ Tajines ▪ Tartares ▪ Tomates

Absolutely...
Autumn Soups ▪ Cheesecake ▪ Chicken ▪ Cold Soups ▪ Cookies ▪ Crepes
Desserts In A Jar ▪ Ice Cream ▪ Lasagna ▪ Lemonade ▪ Quinoa ▪ Raw ▪ Risotto
Salads ▪ Salmon ▪ Shrimp ▪ Smoothies ▪ Tajine ▪ Tartare ▪ Tomatoes